Las estrellas

William B. Rice

Asesora

JoBea Holt, Ph.D.
The Climate Project
Nashville, Tennessee

Créditos

Dona Herweck Rice, *Gerente de redacción*; Lee Aucoin, *Directora creativa*; Don Tran, *Gerente de diseño y producción;* Timothy J. Bradley, *Gerente de ilustraciones*; Conni Medina, M.A.Ed., *Directora editorial*; Katie Das, *Editora asociada*; Neri Garcia, *Diseñador principal*; Stephanie Reid, *Editora fotográfica*; Rachelle Cracchiolo, M.S.Ed., *Editora comercial*

Créditos fotográficos

portada NASA; p.1 NASA; p.4 Konstantin Mironov/Shutterstock; p.5 Losevsky Pavel/Shutterstock; p.6-7 John Rawsterne/Shutterstock; p.8 B. Melo/Shutterstock; p.9 William Attard McCarthy/ Shutterstock; p.10 Neo Edmund/Shutterstock; p.11 Giovanni Benintende/Shutterstock; p.12 NASA/ JPL; p.13 PaulPaladin/Shutterstock; p.14 Ekaterina Starshaya/Shutterstock; p.15 (arriba) Michal Bednarek/Shutterstock, (abajo) Denis and Yulia Pogostins/Shutterstock; p.16 Volkova Anna/ Shutterstock; p.17 (izquierda) Mike Sonnenberg/iStockphoto, (derecha) Alistair Scott/Dreamstime; p.18 Shortkut/ Shutterstock; p.19 CnApTaK/Shutterstock; p.20 (arriba) Guido Vrola/Shutterstock; p.20-21 (abajo) NASA/JPL-Caltech/University of Wisconsin; p.21 (arriba) NASA; p.22 (izquierda) NASA/Walk Feimer, (derecha) NASA; p.23 Medardus/BigStockPhoto; p.24 NASA/JPL; p.25 Tally/ BigStockPhoto; p.26 peresanz/ Shutterstock; p.27 Rolffimages/Dreamstime; p.28 Rocket400 Studio/Shutterstock; p.29 Karen Lowe; p.32 Associated Press

Teacher Created Materials
5301 Oceanus Drive
Huntington Beach, CA 92649-1030
http://www.tcmpub.com

ISBN 978-1-4333-2598-4

Printed in China
YiCai.032019.CA201901471

Tabla de contenido

Pídele un deseo a una estrella

Algunos dicen que debemos pedir un deseo cuando vemos la primera estrella de la noche. La primera estrella de la noche se llama la estrella de los deseos.

Pero, ¿acaso la estrella de los deseos hará realidad el deseo de una persona? No, eso es puro cuento. ¡Pero es divertido creerlo!

Pide un deseo

Quizás las personas reciten este poema al pedirle deseos a una estrella:

Estrella alumbrada, estrella brillante
La primera estrella que veo radiante
Deseo que sí, deseo bastante
Que traiga el deseo que a mí me encante

Un universo estrellado

Aquí, en la Tierra, podemos ver **miles** de estrellas en la noche. Parecen pequeñas luces en el cielo.

Todo iluminado

En el campo se pueden ver más estrellas que en la ciudad. Eso se debe a que allí hay menos luces de edificios y automóviles que tapan la luz de las estrellas.

Pero las estrellas parecen pequeñas sólo porque están muy lejos. En realidad, ¡las estrellas son mucho más grandes de lo que puedas imaginar!

Si estuvieras de pie cerca de una estrella, no podrías ver nada más. ¡Las estrellas son gigantes! Piensa en la montaña más grande que hayas visto. Las estrellas son más grandes. Piensa en un océano. Las estrellas son más grandes. ¡La mayoría de las estrellas son incluso más grandes que todo el planeta Tierra!

Así es como se ve una estrella de cerca.

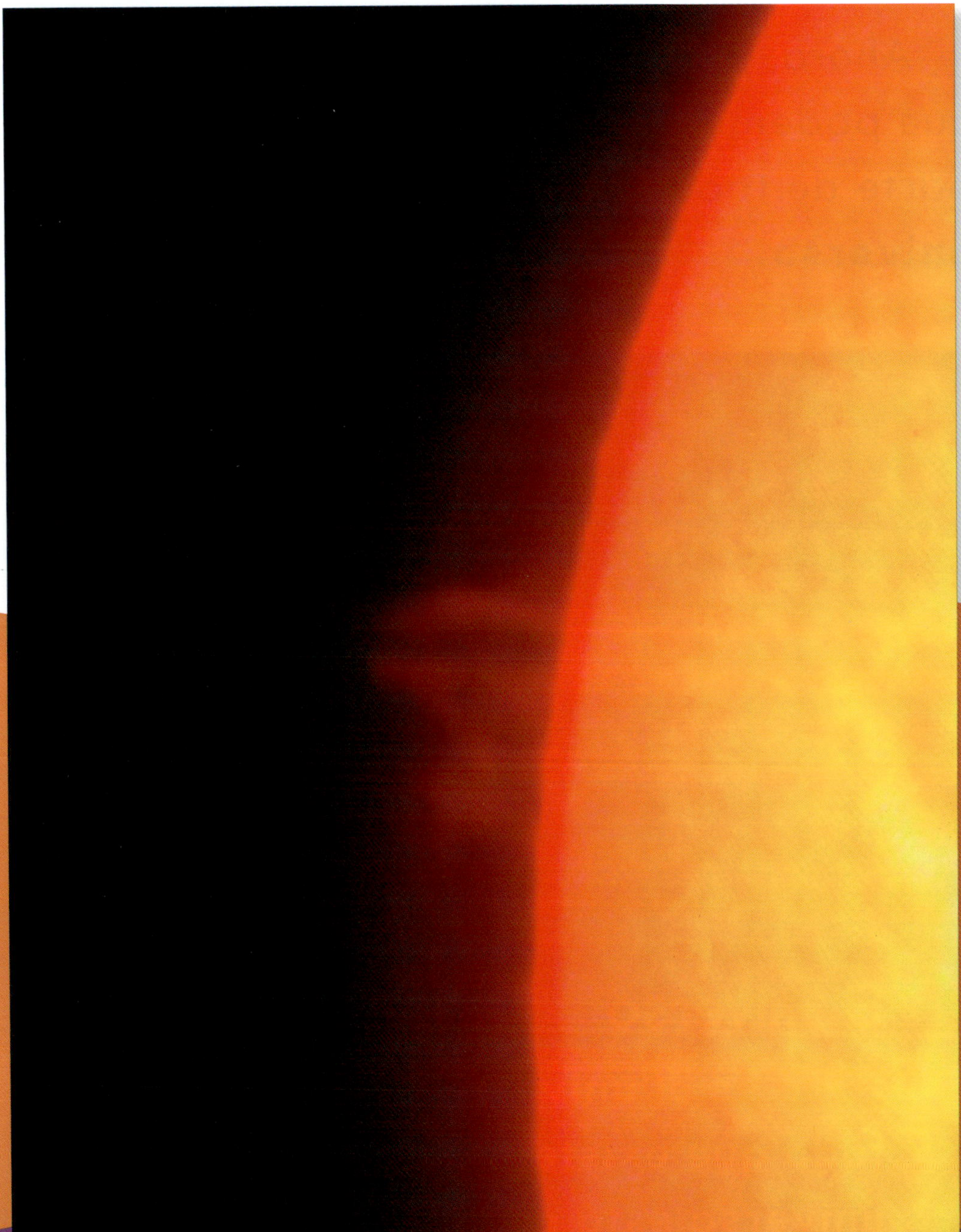

Las estrellas están compuestas
por un gas muy caliente.

Ahora, piensa en esto. Las estrellas que podemos ver son apenas una pequeña parte de todas las estrellas que hay en el **universo**.

El universo

¿Qué es el universo? Es el todo de todo que existe en todas partes. El universo está compuesto por todas las estrellas, todos los planetas y todo lo que hay en el espacio.

El universo es mucho más grande de lo que podemos ver. ¡En el universo hay muchas más estrellas de las que una persona podría contar durante toda su vida!

Entonces, las estrellas son gigantes y hay muchas más de las que puedes contar. Piensa en eso. Piensa en qué tan grande debe de ser el universo. Por más grande que lo imagines, ¡el universo es mucho más grande que eso!

El sol es una de las muchas estrellas que hay en el universo.

Y las estrellas están por todas partes en el universo.

El sol es la estrella más cercana a la Tierra.

Vemos más las estrellas de noche. Pero hay una estrella que vemos todos los días. Se trata del sol. ¡El sol es una estrella! Es la estrella más importante para todos los habitantes de la Tierra.

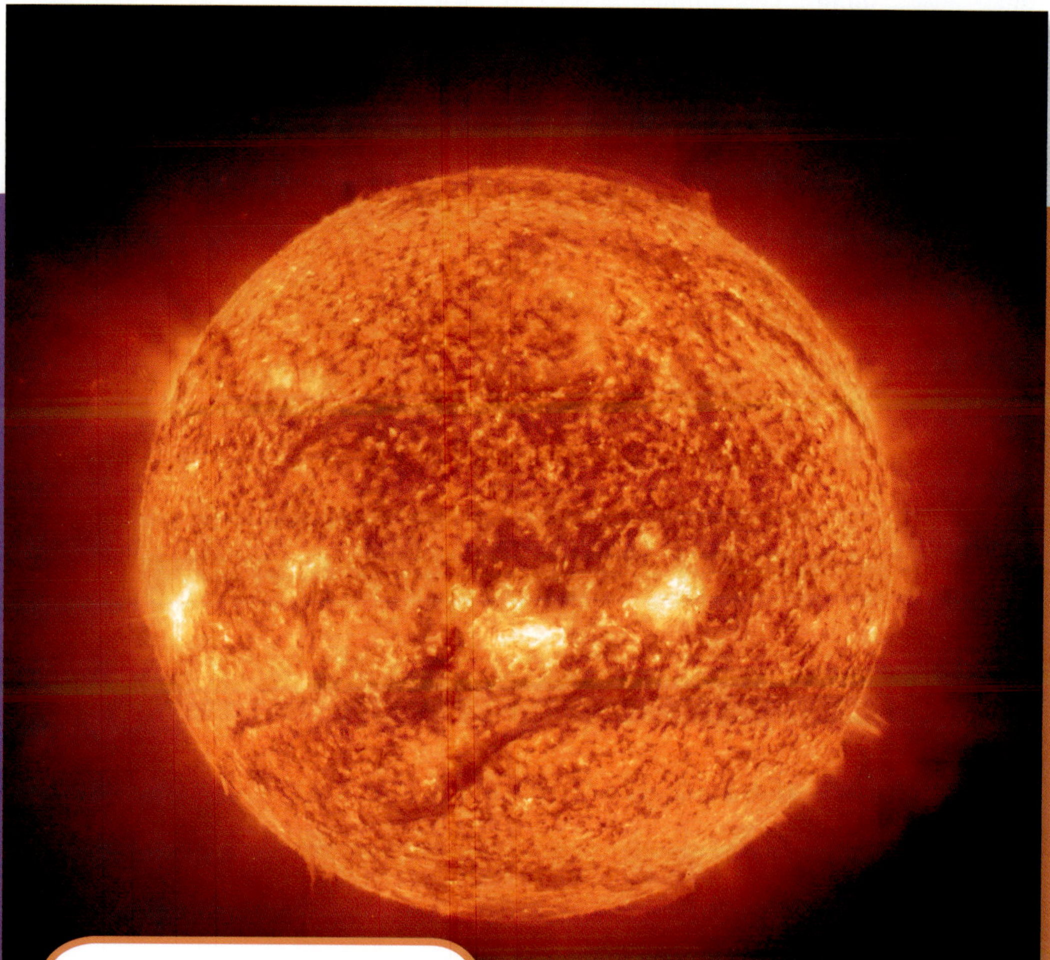

El sol de la Tierra.

El sol le da
a la Tierra
toda la luz y
el calor que
necesitamos
para vivir.

Todo sobre las estrellas

Muchas cosas del universo forman patrones. Pero las estrellas no. Algunas estrellas están cerca unas de otras. Otras están más lejos. En algunos lugares, hay muchas estrellas. En otros lugares, hay pocas estrellas.

La Osa Mayor es una constelación. Parece una gran cuchara.

A las personas les gusta imaginar que las estrellas forman patrones. Encuentran imágenes en el cielo compuestas por estrellas. Las imágenes reciben el nombre de **constelaciones**.

Todas las estrellas dan luz. Pero no todas dan la misma cantidad de luz. Algunas estrellas son muy brillantes. El sol es una estrella brillante. Otras estrellas no son tan brillantes. De todas formas, no podrías mirar una estrella de cerca. Todas brillan demasiado.

Cuanto más brillante es una estrella, más luz da.

Piénsalo

¿Por qué parece más luminoso nuestro sol que estas estrellas?

Un grupo de estrellas es una galaxia. Algunas galaxias son muy grandes. Pueden contener **billones** de estrellas. Algunas **galaxias** son pequeñas. Sólo contienen unos pocos millones de estrellas.

Nosotros vivimos en la galaxia de la Vía Láctea.

¡En el universo hay **miles de millones** de galaxias! Piensa en cuántas estrellas son.

Las galaxias pueden tener diferentes tamaños y formas.

Hay muchos tipos de estrellas. Las enanas rojas son pequeñas y no dan mucha luz. Son estrellas muy antiguas. Las estrellas amarillas son más grandes y dan más luz. El sol es una estrella amarilla.

estrella amarilla

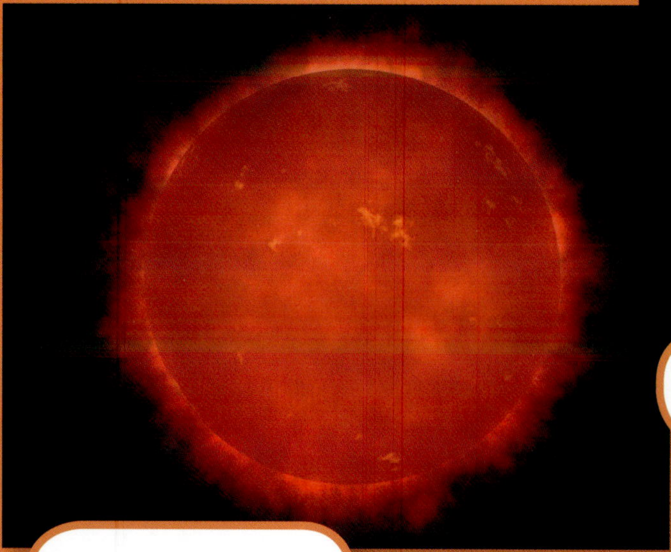

enana roja

Las gigantes azules son muy grandes y luminosas. No hay muchas gigantes azules.

gigante azul

Dentro de muchísimo tiempo, el sol será mucho más grande. Se convertirá en una estrella gigante. Las estrellas gigantes son muy brillantes. Muchas de las estrellas que vemos en el cielo son estrellas gigantes.

Agujero negro

Cuando una estrella muere, puede volverse cada vez más pequeña. Por último, es posible que se convierta en un agujero negro. Un agujero negro tiene muchísima fuerza. Arrastra cosas a su interior.

¡Una estrella súper gigante es aun más grande que una estrella gigante! Es mil veces más grande que nuestro sol.

estrella súper gigante

Estrella alumbrada, estrella brillante

La próxima vez que veas la estrella de los deseos, piensa en ella. Piensa en qué tan grande es. Piensa en qué tan brillante es. Piensa en todas las estrellas de su galaxia.

Quizás esa estrella no cumpla tu deseo. ¡Pero te dará muchísimo en qué pensar y soñar!

Laboratorio de ciencias: Construye el sol

Puedes construir una maqueta de la estrella especial, nuestro sol, con sus seis capas.

Materiales:

- una manzana
- cuatro colores de arcilla para modelar
- papel tisú de color amarillo o anaranjado
- pegamento o cinta adhesiva
- cuchillo (¡Sólo para los adultos!)

Procedimiento:

1. Sostén la manzana. Ésta será el núcleo del sol. El **núcleo** es la primera capa del sol.
2. Elige arcilla de un color. Moldéala alrededor de la manzana. Esta capa debería tener el mismo grosor que la manzana. Ésa será la segunda capa del sol.

3 Elige arcilla de otro color. Moldéala alrededor de la última capa. Esta capa debería ser la mitad de gruesa que la capa anterior. Ésa es la tercera capa del sol.

4 Elige arcilla de otro color. Moldéala. Esta capa debería ser muy fina. Ésta es la cuarta capa del sol.

5 Elige arcilla del último color que queda. Moldéala. Debería ser una capa muy fina. Esa es la quinta capa del sol.

6 Arruga el papel tisú. Adhiérelo con cinta o pegamento alrededor de la maqueta. Esa es la **corona**. Es la sexta capa.

7 Pídele a un adulto que corte la maqueta a la mitad. Ahora puedes ver todas las capas que conforman el sol.

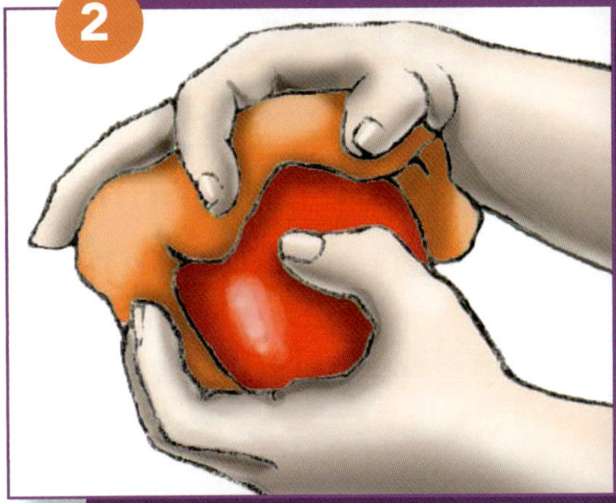

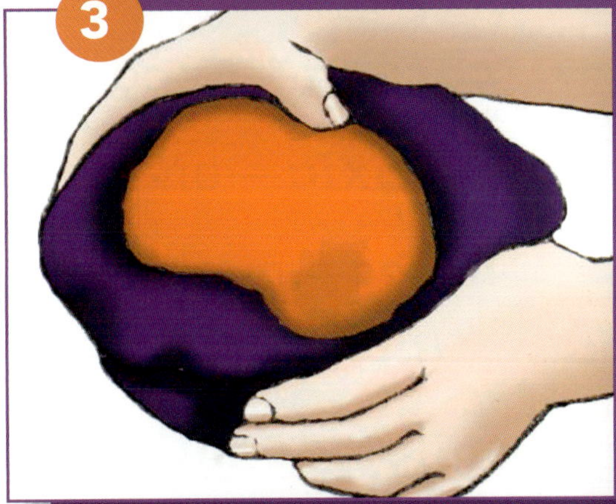

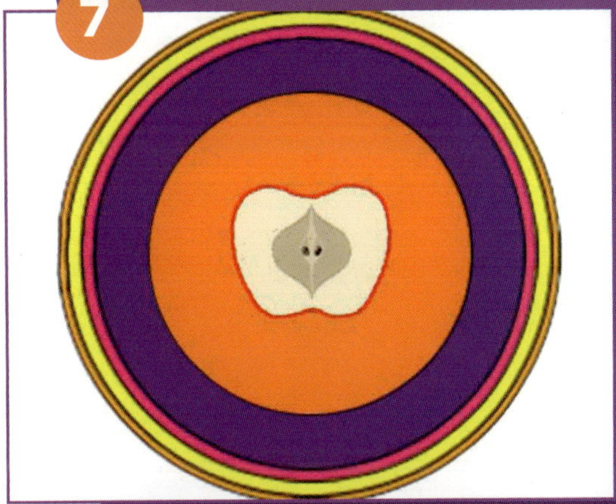

Glosario

billón—un millón de millones; 1,000,000,000,000

constelaciones—imágenes que las personas imaginan al mirar grupos de estrellas

corona—la capa externa del sol

galaxia—un grupo grande de estrellas

miles—cualquier número entre el 1,000 y el 999,999

miles de millones—más de 1,000,000,000

núcleo—la capa interna del sol

universo—todo lo que hay en el espacio

Índice

Una científica actual

Sallie Baliunas es una científica que estudia las estrellas. Le gusta aprender sobre las estrellas que, al igual que el sol de la Tierra, tienen sus propios planetas. Sallie Baliunas ganó muchos premios por su trabajo.